LA HARELLE

RÉVOLTE ROUENNAISE DE 1382

PAR

Georges LECARPENTIER

(Extrait du Moyen Age, année 1903)

PARIS (2ᵉ)

LIBRAIRIE ÉMILE BOUILLON, ÉDITEUR

67, RUE DE RICHELIEU, AU PREMIER

1903

LA HARELLE

RÉVOLTE ROUENNAISE DE 1382

I

Pour toute l'Europe, les vingt dernières années du xive siècle furent tristes, car aux guerres extérieures qui ne cessèrent pour ainsi dire pas durant ce siècle vinrent s'ajouter alors les guerres civiles.

En Allemagne, les villes luttaient contre les nobles ou, coalisées avec eux, contre l'empereur.

En Angleterre, le peuple, outragé et pressuré par les officiers royaux, se révoltait, et mettant Wat Tyler à sa tête, entrait dans Londres.

C'était aussi pour se délivrer d'impôts écrasants que le peuple se soulevait en France ; mais, comme l'unité morale de la nation était moins avancée qu'en Angleterre, les soulèvements restaient locaux. Ils n'en échouaient que plus fatalement et n'en étaient que plus cruellement réprimés, non de par la volonté du jeune roi Charles VI, mais de par celle de ses oncles, les ducs régents.

Il n'y a certes pas eu en France de ville qui, plus que Rouen, ait souffert des suites de ces émeutes locales, car, sous le roi Charles V, ville de France n'avait été plus heureuse que la capitale de la Normandie. Le roi défunt avait aimé cette belle province, dont il avait été duc du vivant de son père, le roi Jean ; il avait aimé Rouen, siège de son palais ducal, le château royal Bouvreuil.

Duc, il avait juré la *Charte aux Normands* et la charte de

Philippe-Auguste aux Rouennais, et il les avait respectées ;
roi, il les avait observées religieusement, ne manquant jamais
de soutenir le maire et la commune quand la ville défendait ses
libertés et ses droits contre les officiers royaux[1]. Non content
de se montrer juste envers les Rouennais, Charles V, durant
son règne, n'avait cessé de leur prodiguer les marques de sa
faveur. Pour tous, menu commun, chapitre, moines de Saint-
Ouen, bourgeois, il avait été affectueux et généreux. Même il
avait voulu qu'après sa mort son cœur reposât dans la cathédrale[2] où il avait fait en 1356 sa première entrée solennelle
comme duc de Normandie[3].

Le 16 septembre 1380, « Dieu ayant appelé de vie à trépas-
sement le sage roi[4] », le 24 du même mois[5] sa suprême volonté
s'accomplissait.

Le 10 octobre, on célébrait pour lui dans la cathédrale de
Rouen un service religieux où les États généraux de Normandie en corps assistaient[6].

Il fut pleuré comme jamais roi ne le fut : nul n'ignorait que
le dernier mandement de Charles, daté du jour même de sa
mort, abolissait le fouage et autres impôts qu'il avait dû établir
« pour le fait des guerres[7] ». Que cette mesure fût opportune,
il est permis d'en douter ; vraiment le roi, qui connaissait bien
ses frères, pouvait-il espérer qu'ils suivraient ses dernières
recommandations d'économie et de modération ? Il avait
ordonné cette suppression pour tranquilliser sa conscience,
inquiète sur la légitimité d'impôts perçus, en pleine paix, « pour

---

1. Voir Chéruel, *Histoire de Rouen pendant l'époque communale*, t. II,
pp. 172 et suiv.

2. Delisle, *Mandements de Charles V*, n° 479 A.

3. Voir Chéruel, *ouvr. cité*, t. II, p. 173.

4. Delisle, *Mandements de Charles V*, n° 479 A.

5. Coville, *Les États de Normandie, leurs origines et leur développe-
ment au XIVe siècle*, p. 122.

6. Voir Coville, *ouvr. cité*, p. 123.

7. Delisle, *Mandements de Charles V*, n° 1955 ; *Ordonnances*, t. VII,
p. 710.

le fait des guerres ». Ces scrupules ne servirent qu'à augmenter les dangers de la régence ; les régents refusèrent de confirmer un acte qui leur enlevait la plus grande partie des revenus royaux.

Le peuple, abusé d'une fausse espérance, fut cruellement déçu et se souleva. Quand, le 16 novembre 1380, les régents ramenèrent à Paris le jeune roi qui venait d'être sacré à Reims, ils trouvèrent la population sous les armes. Force leur fut de parlementer et de proclamer le jour même un édit qui abolissait les impôts créés depuis Philippe le Bel[1].

Mais les mots n'engagent à rien quand on a la force en main. Les régents ne l'ayant pas alors transigèrent ; l'orage passé, que feraient-ils ? Ils ne songèrent pas, au premier moment à rétablir, par un simple édit, les impôts supprimés, car c'était coutume au royaume de France que, seuls, les États réunis pussent établir les impôts ; en tout cas, dans les circonstances présentes, les régents savaient bien qu'à cette condition seulement le peuple les supporterait, et encore !...

Aussi « les ducs de Berry et de Bourgogne[2] », et ceux de la cour, « considérant que, depuis que les aides avaient été mis jus, ils n'avaient pas les profits qu'ils soulaient avoir, désiraient fort à remettre sus les aides[3] » et « vouldrent avec le conseil du roi de France mettre sus l'imposicion de douze deniers pour livre avec les autres subvencions[4] » et « firent plusieurs assemblées[5] ».

Ils n'osèrent pas réunir les États généraux. Ceux de 1356 n'avaient accordé les aides au dauphin qu'en demandant en retour la punition de ses mauvais conseillers.

---

1. *Ordonnances*, t. VI, p. 527.
2. *Chronique des quatre premiers Valois*, p. 297.
3. Juvénal des Ursins, *Histoire de Charles VI*, au tome XI du *Choix de Chroniques et Mémoires sur l'histoire de France*, édition Buchon, p. 332.
4. *Chronique des quatre premiers Valois*, p. 298.
5. Juvénal des Ursins, *ouvr. cité*, p. 332.

Les régents ne se faisaient pas illusion sur les sentiments du peuple à leur égard et ne voulurent pas s'exposer à un blâme' public de la part des États. Ils crurent suffisant pour légitimer les impôts aux yeux du peuple de les faire voter par les assemblées provinciales, dont ils attendaient plus de soumission.

Moins d'un mois après l'édit du 16 novembre 1380, le 10 décembre, les États de Normandie étaient assemblés en l'archevêché de Rouen, sous la présidence des commissaires royaux, Étienne de La Grange et Jean Pastourel[1].

Les membres qui les composaient étaient ceux-là mêmes qui étaient spontanément accourus au service du feu roi. On imagine facilement leur état d'esprit.

Un membre ayant proposé de voter une aide, on répondit d'une seule voix : « Rien, rien ! » Maître Jean Pastourel, président de la Chambre des comptes, « le plus éloquent et le plus habile de sa compagnie[2] » y perdit son éloquence. Il n'obtint de l'assemblée que la promesse « de faire comme l'assemblée réunie à Paris ». Les États de Normandie ne se compromettaient guère. Quelle assemblée, au sein même de la population qui avait obtenu par la force l'abolition des aides, oserait voter leur rétablissement ?

Les États de Paris n'accordèrent qu'un subside de douze deniers pour livre, et décrétèrent à tout jamais l'abolition des aides.

C'était peu ; c'était trop, au gré du pays. Et quand « fut ce à Paris et à Rouen crié et à Amiens, le peuple tout d'une volonté le contredirent 'et ne fut rien levé ne exigé[3] ».

Les efforts du Gouvernement étaient vains, mais significatifs ; aussi pour empêcher le roi de rétablir les impôts, les Normands lui firent-ils jurer et confirmer leur charte (25 janvier 1381)[4].

Quand le roi eut juré, ils se crurent en sûreté. Si mainte-

---

1. Coville, p. 125.
2. *Chronique du religieux de Saint-Denis*, t. I, p. 251.
3. Juvénal des Ursins, *ouvr. cité*.
4. Coville, *ouvr. cité*, p. 126.

nant il venait à ordonner quelque illégalité, on lui rappellerait son serment, car « les Normands étaient gens peu endurants et difficiles à vivre. Fussiez-vous duc, roi, dauphin, régent, évêque ou pape, si vous leur demandiez quelque chose de nouveau, vite ils consultaient la charte normande ; si elle était pour vous, à la bonne heure, sans quoi je vous baise les mains et pas de nouvelles¹ ».

Il est probable que le roi ne jura la charte qu'après avoir obtenu la promesse d'une réunion immédiate des États généraux de Normandie, car ils furent convoqués à Louviers dès le 5 février, mais beaucoup de convocations, irrégulièrement envoyées, parvinrent trop tard, le nombre des membres présents se trouva insuffisant et les États ne s'ouvrirent que le 17.

L'assemblée se montra plus traitable que le 10 décembre précédent et vota un fouage de 1 à 6 blancs par feu et par semaine pendant un an. Elle stipula toutefois (car elle avait à cœur les libertés et franchises provinciales) que cet impôt serait récolté non par les officiers royaux ordinaires du fisc, mais par des gouverneurs généraux que, d'accord avec les États, le roi nommerait spécialement pour cet objet.

De cette manière, il serait bien entendu que le fouage accordé et prélevé était un impôt extraordinaire octroyé par la libre volonté des États.

Le premier mois, l'impôt fut recueilli assez facilement, mais, dès le milieu de mars, la perception devint presque impossible ; on venait d'apprendre que les régents avaient été forcés à Paris de promulguer une ordonnance² abolissant à jamais les aides par toute la France. Cette promesse solennelle, ils ne la tinrent pas, ils ne pouvaient la tenir : on ne peut pas s'engager à mourir. Or, il était impossible au Gouvernement de se contenter des revenus du domaine sans se réduire à la plus complète impuissance et sans se trouver dans l'incapacité absolue

1. Floquet, *Anecdotes normandes, Louis XI et la Normandie.*
2. Archives municipales de Rouen, *vidimus*, tiroir 131; *Ordonnances*, t. VI, p. 569.

de faire face aux dépenses militaires que la menace d'une guerre avec l'Angleterre rendait de jour en jour plus pressantes.

Le pays souffrait trop pour comprendre ce que son refus de payer tout impôt avait d'injuste et d'illégal. D'ailleurs, la conduite des régents excusait celle du peuple ; la cour dépensait inutilement en fêtes somptueuses et en folles expéditions les revenus du domaine, pourquoi leur eût-on donné à gaspiller les ressources de la nation ?

Ils eussent sans doute continué à payer les impôts à Charles le Sage, aux ducs régents ils les refusèrent.

En vain le duc d'Anjou convoquait sept assemblées à Paris en 1381, en vain Jean Desmarets prodiguant son éloquence et son bon sens démontrait aux députés le danger de leur conduite, on n'en pouvait tirer que ces mots : « Nous mourrons plutôt que de les laisser lever[1]. »

A bout de ressources, le duc d'Anjou eut l'imprudence d'inviter « les généraux gouverneurs » des aides de la Normandie à préparer l'établissement d'une *crue* sur les aides.

Le 15 février 1382, ce projet fut mis à exécution dans une grande réunion tenue à Vernon sur les ordres du roi par les officiers royaux[2] : aides sur la marchandise, aides sur le vin, aides sur le drap, ainsi fut crié, « aval Rouen », quelques jours plus tard.

Les Rouennais coururent à la charte aux Normands ; la charte aux Normands disait : « Le roi ne lèvera en Normandie que les impôts ordinaires, » et la charte de Philippe-Auguste ajoutait formellement que les Rouennais ne devaient pas d'impôt pour le vin *quod eis datum fuerit ad potum suum*[3]. Les aides n'étaient pas un « impôt ordinaire », et c'était bien le vin consommé dans Rouen que les régents voulaient taxer. La charte aux Normands, jurée par les rois depuis 150 ans, par le roi

---

1. *Chronique du religieux de Saint-Denis*, t. I, p. 151.
2. *Chronique Normande*, par Pierre Cochon, p. 162.
3. Froissart, *Chroniques*.

régnant lui-même l'année précédente, la charte de Philippe-Auguste, vieille de près de 300 ans, étaient violées.

Les aides, qu'était-ce? « Les Normands n'avaient point appris à payer telle chose. » Et en 1356, « le comte d'Harcourt avait dit aux gens de Rouen qu'ils seraient bien serfs et bien méchants s'ils s'y accordaient[1] ».

II

Si l'analogie est un critérium suffisant pour reconstituer la vérité historique à défaut de documents, l'on peut assez facilement se représenter les préliminaires de l'émeute.

Plus que tout autre, les « gros marcheanz et vinetiers[2] » étaient atteints par ces aides, ils avaient intérêt plus que tout autre à ce qu'elles ne fussent pas perçues; plus que tout autre ils travaillèrent à en entraver la perception.

Mais ils ne tenaient guère à se compromettre *personnellement*.

A la sortie de l'office divin, car vraisemblablement ce fut le dimanche 23 février, en pleine cathédrale, que le curé, selon la coutume de l'époque, lut l'ordonnance royale, quelqu'un de ces marchands beau parleur dut haranguer « dignans, drapiers et gens de pauvre étoffe ». Il leur représenta quel grand dommage leur serait de se soumettre à cet impôt, il en appela à la charte aux Normands, à la charte de Philippe-Auguste, à la conduite du dernier roi et fit tout en un mot pour exciter le peuple à la révolte, se gardant bien toutefois de l'y appeler formellement.

Sans doute, le gros marchand s'éclipsa après leur avoir laissé de quoi boire au maintien de la charte normande et des privilèges rouennais.

1. Pierre Cochon, *ouvr. cité*, p. 162.
2. La chronique de Saint-Denis dit que les émeutiers étaient « égarés par l'ivresse ».

On but sec et l'on tira des harangues du marchand, les conclusions qu'il n'avait pas voulu se charger de tirer lui-même.

Le lundi matin 24 février, « cette merdaille[1] », ces quelque
« 200 compagnons des métiers qui travaillaient aux arts mé-
caniques égarés par l'ivresse » déclarèrent que les impôts
devaient être supprimés et crièrent le cri qui demande justice :
Haro[2] *!* Haro sur les collecteurs qui réclament des impôts injuste et illégaux aux Rouennais, haro sur le Gouvernement qui
les a ordonnés! C'était la Harelle qui commençait[3].

Les émeutiers décidèrent de mettre à leur tête, pour sanc-
tionner et valider leurs ordres, le plus important bourgeois de
Rouen, Jean Legras[4], chef ou *roi* de la corporation des drapiers.

1. Pierre Cochon, *ouvr. cité*, p. 162.
2. D'où le nom de Harelle donné à l'émeute.
3. D'après Floquet, la Harelle commença le 25 février. Chéruel, se fondant sur ce que la charte de renoncement, arrachée à l'abbé de Saint-
Ouen, était datée du 25 février, soutenait la même opinion. Il n'y avait, à
sa connaissance, « aucune chronique qui donnât la date de la Harelle ». Il
ne connaissait ni la chronique des quatre Valois ni celle de P. Cochon.
Toutes deux portent que la Harelle éclata le « jour de saint Mathias, lundi
premier de carême ». A l'aide de cette indication, on peut établir que la
révolte éclata le 24 février 1381 (vieux style).
4. Legras est-il un surnom ou un nom propre? La première hypothèse
paraît peu probable. Il est vrai que la chronique de Saint-Denis dit positive-
ment : *propter nimiam pinguedinem crassum vocatum.* Il y a à cette inter-
prétation trois objections : 1° Il est peu probable que les émeutiers aient choisi
pour chef un homme ridicule et impotent. 2° Le nom de Legras (ainsi que
nous pouvons le constater d'après des actes de cette époque conservés aux archives de la Seine-Inférieure), était alors un nom de famille très répandu à
Rouen. 3° Au point de vue social, quel rang tenait Jean Legras dans la ville
de Rouen ? C'était un marchand drapier. Nous avons sur ce point les té-
moignages réunis de la chronique de Saint-Denis et de Pierre Cochon. La
chronique de Saint-Denis ajoute qu'il était riche, *divitem.* Pour Pierre
Cochon, les maîtres de la commotion étaient « d'aucuns gros marchands ».
L'on peut même aller plus loin et soutenir que Jean Legras était le chef ou,
comme on disait, « le roi » de la corporation des drapiers merciers de Rouen.
Plusieurs raisons appuient cette hypothèse. Il fut choisi comme chef de
l'émeute; il était donc à Rouen un personnage considérable. Si l'on veut
bien admettre qu'il était « le roi » des drapiers, on ne s'étonnera pas que
« les drapiers et gens de pauvre étoffe » aient mis à leur tête l'homme qui

Ce que l'on projetait devait s'accomplir en son nom, et en cas d'insuccès, il porterait seul la responsabilité des faits accomplis et seul en subirait les conséquences.

Les compagnons de métier se rendirent donc d'abord chez ce personnage et l'acclamèrent pour chef, « voulut ou non, et, contre sa volonté et pour doute de la mort, fallut qu'il obéit[1] ».

Malgré toute leur habileté, les bourgeois étaient désormais compromis aux yeux du Gouvernement dans la personne de Jean Legras.

On était[2] au premier lundi de carême, c'est-à-dire le 24 février 1382[3]. Pendant qu'une partie des mutins forçait le roi de la corporation[4] des drapiers à se mettre à leur tête, d'autres

d'ordinaire les dirigeait, les protégeait et avait pour mission de défendre les intérêts et privilèges de cette corporation. Cette hypothèse est d'autant plus plausible qu'elle permet d'expliquer la divergence qui existe entre la chronique de Saint-Denis et les deux chroniques rouennaises sur cette royauté attribuée par la première à Jean Legras et sur laquelle les deux autres restent muettes. Le rédacteur de la chronique de Saint-Denis, ayant entendu dire que « le roi » Jean Legras avait été à la tête de l'émeute et ignorant qu'il était le roi des drapiers, en conclut à une élection royale au point de vue politique. Pierre Cochon, mieux au courant des coutumes des corporations rouennaises, nous dit seulement qu' « un des maîtres de la commotion était un nommé Jean Legras de drapperie » et que les maîtres de la commotion étaient de « gros marchands ».

Il faut bien reconnaître qu'il serait surprenant que les deux chroniqueurs rouennais, l'un contemporain de la Harelle, l'autre écrivant dans les trente années qui la suivirent, n'eussent ni l'un ni l'autre parlé de cette parodie d'une royauté politique, si vraiment elle avait eu lieu.

Une autre raison permet de rejeter la légende de la royauté de Legras, c'est que l'acte de renonciation arraché à l'abbé de Saint-Ouen se termine par ces mots : « sauf le droit du roi en toutes choses. » Il est bien évident qu'il s'agit ici du roi de France. Les Rouennais le considéraient donc toujours comme leur roi.

1. Juvénal des Ursins, *op. cit.*, p 333.

2. Ici commence le récit de la Harelle, d'après les chroniques que nous possédons.

3. Voir appendice.

4. *Ibid.*

fermaient les portes de la ville[1] et montaient la garde pour que personne ne pût entrer ni sortir[2].

De même que Gand faisait sonner *Roland*, la cloche du beffroi quand les libertés de la ville étaient menacées, « en Rouen ne sonnait nulle cloche ni à Notre-Dame, ni à Saint-Ouen, fors celle de la commune de la ville[3], *la Rouvel*[4]. ,

Pendant trois jours[5] les portes furent fermées, pendant trois jours *la Rouvel* ne cessa de sonner un instant ; Rouen était devenu le théâtre de scènes où la férocité le disputait à la bouffonnerie.

On commença par supprimer les impôts. C'était un acte important qu'il fallait accomplir avec solennité devant tout le peuple. On se rendit à l'aître Saint-Ouen[6] où se faisaient d'ordinaire les grosses assemblées. Sur l'immense place, Legras déclara solennellement « le peuple libre du joug de tout impôt[7] »

---

1. Pierre Cochon et charte royale accordant pardon aux Rouennais.
2. Avril 1381 aux archives municipales, vidimus, tiroir 3.
3. Pierre Cochon, p. 163.
4. P. Cochon dit: « fors cheuz de la commune de la ville, » mais Richard, archéologue rouennais, a cru pouvoir établir dans un article paru dans la *Revue de Rouen* (t. XXIX, p. 17) que, seule, *la Rouvel* avait sonné pendant l'émeute et que la *Cache-Riband* était restée muette.

Il s'appuie pour soutenir son opinion sur deux faits: 1° que la *Cache-Riband* avait pour seule fonction de sonner le couvre-feu, comme l'indique son nom, tandis que la fonction de la Rouvel était celle de toute cloche communale, c'est-à-dire consistait à se faire entendre dans toutes les circonstances qui intéressaient la commune ; 2° que Charles n'a donné à ses pannetiers (charte de l'an 1387, voir délibérations municipales, t. I, que la cloche appelée Roubol ou Rouvel « qui avait sonné durant la commotion en ladite ville ».

5. Pierre Cochon, p. 163.
6. La chronique Saint-Denis dit : « au principal marché, » mais suivant les deux chroniques, les émeutiers se réunirent à l'aître Saint-Ouen. Nous savons d'ailleurs que l'abjuration de Jeanne d'Arc eut également lieu à l'aître Saint-Ouen. Soit donc que l'aître Saint-Ouen fût plus vaste que la place du Marché, soit qu'on eût coutume d'accomplir les actes politiques à l'aître Saint-Ouen, c'est sur cet emplacement que l'abolition des impôts fut proclamée.
7. *Chronique du religieux de Saint-Denis*, p. 131.

et prononça « que les subsides cherraient et n'auraient plus cours[1] ». « Cette franchise, nous dit la chronique de Saint-Denis, fut publiée en son nom dans toute la ville par la voix du héraut. »

« Une scène si ridicule, ajoute la même chronique, excita à bon droit le rire des hommes sensés[2] », mais elle fit comprendre à « une foule innombrable de gens sans aveu » que le temps était venu pour eux d'assouvir leurs rancunes contre tous ceux qui par leurs fonctions suscitaient leur colère ou leur envie. Il était évident que « par doute de mort[3] » le roi des drapiers sanctionnerait tout ce qu'on lui ordonnerait. Le menu commun était maître de la ville.

Chacun accourut vers Legras. « Les mal avisés et mal conseillés[4] » le forçaient d'écouter sur son tribunal les cris de chacun.

Et si aucuns voulaient faire un mauvais cas ou concevaient la pensée d'un crime, ils lui demandaient ses ordres.

Il ne lui fallait que dire : « Faites, et si était exécuté[5]. »

Les impôts étant abolis, on « abolit » ceux qui les percevaient, et la foule procéda « à meurtrir et à tuer les officiers du Roi au fait des aides ». Puis, ses premières colères satisfaites, elle s'en prit aux bourgeois. Ils avaient parlé éloquemment en faveur des libertés et des franchises de Rouen, mais quand il avait fallu les défendre les armes à la main, leur zèle s'était singulièrement refroidi.

Ils avaient bien déploré le rétablissement des aides, mais ils s'étaient résignés au fait accompli[6].

1. Juvénal des Ursins, *op. cit.*, p. 333.
2. *Chronique du religieux de Saint-Denis*, p. 131.
3. Juvénal des Ursins, *op. cit.*, p. 333.
4. *Chronique des quatre premiers Valois*, p. 298.
5. D'après la *Chronique du religieux de Saint-Denis* et Juvénal des Ursins, p. 333.
6. *Chronique des quatre premiers Valois :* « Ceux du menu commun de la cité s'émurent contre les bourgeois et gens d'état parce qu'on voulait par le roi mettre sus l'imposicion. »

On en avait même vu quelques-uns rire et branler la tête
pendant que Jean Legras prononçait l'abolition des impôts[1].

Pour quelques exaltés ces raisons suffisaient à justifier les
vengeances qu'on allait exercer contre eux ; pour la plupart ce
n'étaient que des prétextes cachant les véritables raisons, la
haine et l'envie. « Et convenait que les grands de la ville se
muchassent[2], » car « les mal avisés et mal conseillés viendrent
ès hôtels d'aucuns des notables bourgeois et rompirent ès dits
hôtels ou maisons portes et fenêtres, huches, coffres, parois,
verrières. Et prirent, ravirent et pillèrent et emportèrent, cas-
sèrent et enfondrèrent les biens d'aucuns d'iceux bourgeois[3] ».
Ceux qui le purent « se absentèrent[4] ». Mais « les plus notables
bourgeois par contrainte tant sur le doute de leurs femmes et
enfants que de leurs hôtels et biens qu'ils avaient en ladite
cité dont ils étaient menacés de iceux à tout perdre, falut qu'ils
venissent à obéissance[5] ».

Entre temps « si délivrèrent les prisonniers de la mairie et
ceux de l'official[6] ».

A tous ces méfaits le maire, qui pourtant avait juridiction et
justice dans la ville, était incapable de s'opposer, car « n'avait
sergent de la mairie qui osât porter verge aval Rouen[7] ».

Le peuple déchaîné prétendait ne pas reconnaître d'autre
juridiction que celle de Legras : c'était n'en reconnaître aucune.
« Sire Robert Deschamps maire en exercice[8] », eût été mal
venu à se montrer en un pareil moment ; ses prédécesseurs,
Guerrout de Maromme[9], Guillaume Alorge[10], Eudes Clément[11],

---

1. D'après la *Chronique du religieux de Saint-Denis.*
2. Pierre Cochon, *op. cit.*, p. 163.
3. *Chronique des quatre premiers Valois*, p. 298.
4. *Ibid.*, p. 298.
5. *Ibid.*, p. 298.
7. Pierre Cochon, *op. cit.*, p. 163.
6. *Ibid.*, p. 163.
8. *Ibid.*, p. 162.
9. Maire en 1380.
10. Maire en 1376.
11. Maire en 1371.

et Jean Treffilier[1] passaient alors un mauvais quart d'heure.

Au temps de leur mairie, ils avaient fait « beaucoup de mal aux pauvres gens de la ville si leur en souvenait encore[2] ». Aussi « jetèrent-ils les biens de Guerrout sur le pavement en Grand-Pont où il demeurait et lui firent tant de dommage qu'ils purent et lui dépêchèrent sa maison, lui burent son vin et ce qu'ils ne pouvaient boire, ils défoncèrent les queues pleines de vin et les laissaient aller aval le cellier ». Guerrout « y eut bien dommage de 2.000 à 3.000 livres[3] ». « Et puis s'en allèrent chez les trois autres anciens maires auxquels ils firent très grand dommage, car ils ne se osaient faire voir pour la fureur d'icelle merdaille, mais étaient cachés aux Cordeliers et religieux de la ville le mieux qu'ils pouvaient[4] ».

Les bourgeois eurent enfin honte de leur lâcheté et « s'avisèrent que s'ils ne mettaient remède ils étaient tous gâtés; si s'armèrent au vespre et firent si beau guet comme ils purent. Et en avait au cimetière de Saint-Ouen une partie, en l'aître Notre-Dame une autre, et à Saint-Godard une autre[5] ». La nuit vint, mais sans ramener le calme dans la ville, car « en cette première nuit grande quantité de gens furent volés comme prêtres, juifs, presteurs à usure qui pour lors étaient dans la ville. Et n'eut pourtant en ce trouble que un nommé Guerrout Poullain mort et un juif noyé en Seine; encore y eût-il eu plus grand mal[6] » si les bourgeois n'avaient arrêté « cette nuit grande quantité d'iceux voleurs[7] ».

Cela ne mit pas fin à l'émeute, mais pourvu qu'elle choisît d'autres victimes, peu importait aux bourgeois qu'elle se terminât ou non. Il est même probable qu'ils en prirent alors

---

1. Maire en 1377.
2. Pierre Cochon, *op. cit.*, p. 163.
3. *Ibid.*, p. 164.
4. *Ibid.*, p. 164.
5. *Ibid.*, p. 164.
6. *Ibid.*, p. 164.
7. *Ibid.*, p. 164.

« couvertement » la direction pour la lancer contre leur grand ennemi le clergé : le mal qu'ils lui feraient ainsi devait compenser et au delà le mal qu'eux-mêmes avaient souffert.

L'assemblée du 25 février [1] continua l'œuvre de la veille. Le lundi, on avait aboli les impôts perçus par le Gouvernement royal ; le mardi, on supprima ceux que prélevait le clergé séculier et régulier.

« Les maîtres de la commotion et leurs alliés firent venir le chapitre de Rouen à la Croix de Saint-Ouen [2] » avec « la lettre de rente que prenaient les doyens et chapitre de Notre-Dame sur les revenus des halles et moulins du don du roi Charles derrainement trépassé [3] » ; et à ces 300 [4] livres de rente renoncèrent sous doute de mort, et fut la lettre de rente détruite.

Les moines de Saint-Ouen s'en tirèrent à moins bon compte que les chanoines.

La vengeance que l'on tira de l'abbaye fut terrible, car les griefs étaient plus graves [5]. Les redevances que lui payait la commune étaient beaucoup plus lourdes, et le droit de baronnie que l'abbé exerçait sur certains quartiers de la ville froissait l'orgueil des bourgeois.

Récemment encore, dans deux circonstances, l'abbé en exercice avait montré une grande hostilité contre les Rouennais. Il avait osé faire pendre aux fourches de Bihorel un bourgeois arrêté à Quincampoix [6], que le maire réclamait au nom de la juridiction de la commune [7] ; et contrairement à la charte aux

1. La date de la lettre de renonciation arrachée à l'abbé de Siant-Ouen porte le 25 février, et il semble bien qu'on ait expédié le même jour l'affaire du chapitre et celle des moines.

2. Pierre Cochon, *op. cit.*, p. 164.

3. *Chronique des quatre premiers Valois*, p. 298.

4. Pierre Cochon dit 300 livres. Farin, *Histoire de Rouen*, 558 livres 15 sous.

5. Ces griefs nous sont connus par la teneur de la charte arrachée à l'abbé.

6. Voir Chéruel, *Histoire communale de Rouen*, t. II, chap. XXVI, pp. 415 et 416.

7. Selon la charte de Philippe-Auguste.

Normands, il n'avait pas craint de faire confirmer par le Parlement de Paris[1] des droits que Rouen lui contestait.

Le moment de la vengeance était arrivé; on fit chèrement payer aux moines les abus dont ils s'étaient rendus coupables. Les rentes que la ville leur devait, le droit de baronnie qu'ils prétendaient posséder, qui en témoignait ? Les chartes royales et les arrêts judiciaires qu'ils conservaient précieusement dans la tour centrale du monastère.

On les savait là, ces chartes détestées devant lesquelles frémissants de rage et de jalousie, les maires de la commune rouennaise avaient dû abdiquer leurs prétentions, et, de l'aître Saint-Ouen où la foule était amassée pour la grande assemblée, on se la montrait, cette tour, avec des regards et des paroles de haine.

Sans doute alors, un des mal avisés saisit une hache, un « tranche-tête », l'argument le plus persuasif à l'égard de ceux qu'on voulait dépouiller, et d'un coup enfonça la porte de l'abbaye.

Quelques instants après, dans la tour emportée d'assaut, pas une charte ne restait, depuis celle de Clotaire Ier fondant l'abbaye, jusqu'à celle du Parlement de Paris qui peu de jours auparavant confirmait les prétentions des moines contre la commune. Tout avait été lacéré[2] ou brûlé dans un feu dont la fumée réjouissait la vue des Rouennais, plus que les bourrées pétillantes et la flamme claire et joyeuse des feux de la Saint-Jean.

Les émeutiers étaient satisfaits : avec les titres des moines ils avaient, croyaient-ils, détruit leurs droits.

Tout n'était pas fini cependant, il fallait prendre ses précautions contre les réclamations que, dans l'avenir, l'abbé ne man-

---

1. Quoique d'après la charte aux Normands, l'échiquier de Normandie jugeât en dernier ressort de tout procès où des Rouennais se trouvaient mêlés.

2. « Ils pénétrèrent de force dans la tour des chartes, déchirèrent et mirent en pièces les privilèges » (*Chron. de Saint-Denis*).

querait pas d'élever, et lui faire signer l'acte de renonciation[1] qu'un tabellion de cour laye, gagné à l'émeute, rédigea aussitôt. C'était un véritable chef-d'œuvre de jurisprudence. Il prévoyait toutes les raisons que l'abbé serait en droit d'invoquer pour faire annuler sa renonciation, avec stipulation expresse qu'il y renonçait pour toujours.

Pendant ce temps, dans toute l'abbaye on cherchait l'abbé ; on ne trouva que son coadjuteur Guillaume Lemercher[2]. Sa signature ne pouvait suffire, celle de l'abbé était nécessaire ; mais où était-il ? « Il achevait de mourir [3] » dans le sanatorium de l'abbaye, à Bihorel[4], sur les pentes de la colline de Bois-guillaume près de la forêt des sapins, dont l'odeur bienfaisante retardait son dernier soupir.

La foule y courut. Ce n'était pas du reste temps perdu, car à Bihorel se dressaient les odieuses fourches patibulaires qu'il fallait abattre. Elles tombèrent[5] et le vieillard réclamé à grands cris vint en présence du peuple.

L'abbé signa tout ce qu'on voulut : il renonçait à la baronnie qu'il « prétendait[6] » posséder ; il reconnaissait tenir désormais sa juridiction de la commune, il quittait à la ville « 200 livres de dépens à quoi la ville était condamnée à devoir à l'abbaye par sentence du Parlement[7] ».

En un mot, « iceux mal avisés firent désister et renoncer les

1. Il se trouve aux pièces justificatives dans Chéruel, *op. cit.*, t. II, p. 545.

2. Floquet (voir dans ses *Anecdotes normandes*, la Harelle) croyait ce Lemercher abbé en exercice ; mais suivant l'*Histoire de l'abbaye de Saint-Ouen*, par Pommeraye, l'abbé était Arnault du Breuil qui mourut le 5 avril de la même année, le jour même où Charles VI entrait à Rouen. Du reste, Arnault est mentionné comme abbé dans l'acte de renonciation.

3. Floquet, *Anecdotes normandes*, la Harelle.

4 Voir Pommeraye, *Histoire de l'abbaye royale de Saint-Ouen*.

5. Chéruel mentionne un édit du bailli Guy Chrestien, daté de 1383, qui en autorise le relèvement. Chéruel estime que les fourches patibulaires de l'abbé de Fécamp à Saint-Gervais furent aussi renversées.

6. Texte de l'acte de renonciation.

7. *Ibid.*

religieux, abbé et couvent de Saint-Ouen de Rouen à touts
procès et plaidoiries qu'ils avaient vers la ville et eurent d'iceux
religieux quittance de tout ce qu'ils pourraient demander à
ladite ville ».

Les émeutiers n'oubliaient qu'une chose, c'est qu'un acte
obtenu par menace de « tranche-tête » n'est jamais valable,
quelque clause de renonciation qu'on prenne soin d'y insérer :
le danger passé, la victime reprend ses droits et se refuse à
reconnaître la validité de l'acte qu'elle a dû signer « sous doute
de mort ».

Mais de cela ils n'avaient cure alors. Le soldat n'a jamais
prévu la défaite lorsqu'il vient de remporter une victoire et
qu'il n'a plus pour la rendre définitive qu'à faire la paix avec
les vaincus.

A cet effet, le lendemain « mercredi suivant, les maîtres
dessus dits firent venir à ladite assemblée au cimetière de
Saint-Ouen la charte aux Normands[1] cellée en lacs de soie et
cire verte, laquelle avait été prise au trésor de Notre-Dame de
Rouen. Elle fut lue en public, et la lut un avocat nommé Tho-
mas Pougnant, bailli de Harecourt[2], ou sa maison lui eût été
abattue s'il eût désobéi ».

« Et là, n'y eut petit ni grand qui ne jura sur saints évangiles
de Dieu qu'ils la garderaient le mieux qu'ils le pourraient, et là
étaient qui tous jurèrent : l'abbé de Sainte-Catherine, doyen et
chapitre de Rouen, l'official, son promoteur, les prieurs du Pré
de la Madeleine, du Mont-aux-Malades avec tous les avocats et
bourgeois de Rouen et le procureur du roi qui pour lors était[3]. »

On jugea bon ensuite de prendre à l'égard de tous ceux « à
qui on avait fait dommage au temps de la commotion[4] » la
même mesure préventive qu'à l'égard de l'abbé et des moines
de Saint-Ouen. On leur fit jurer « qu'ils le pardonnassent et

---

1. *Chronique des quatre premiers Valois*, p. 298.
2. De la célèbre famille normande de Harcourt.
3. Pierre Cochon, *op. cit.*, p. 165.
4. *Ibid.*, p. 166.

quittassent ou ils auraient pis. Et toutes ces choses dessus dites passées par tous les tabellions de court d'église et de court laye qui présens étaient et de ce faire bons instruments[1] ».

« Et par ce, ajoutait le chroniqueur, fut tout apaisé. »

Non, tout ne fut pas apaisé. Le menu commun s'était vraiment imaginé que la révolte avait pour objet l'affranchissement complet de Rouen.

Or, il restait encore dans le château[2] une petite garnison royale qui par sa seule présence menaçait la commune affranchie et lui rappelait que le roi de France avait toujours autorité sur la ville. Il la fallait chasser. Les bourgeois refusèrent absolument de prendre part à cette lutte : les impôts étaient supprimés et les privilèges du clergé abolis, ils n'avaient plus rien à retirer du concours du menu commun ; ils furent enchantés de le voir se compromettre dans une échauffourée qui leur permettrait de se séparer avec éclat de ces alliés compromettants, de prendre même parti contre eux et d'acquérir ainsi un titre de pardon auprès du roi.

Ils manœuvraient pour profiter de toutes les circonstances ; et vraiment s'ils eussent réussi, c'eût été un coup de maître. Sans s'y opposer par les armes, ils laissèrent attaquer le château royal[3].

Cette défection n'était pas pour faire perdre courage à la po-

---

1. Pierre Cochon, *op. cit.*, p. 165.

2. Les deux chroniqueurs rouennais passent sous silence l'attaque du château royal, mais elle est mentionnée par la chronique de Saint-Denis, par Juvénal des Ursins et par Froissart. Ce dernier dit textuellement que les émeutiers « occirent le châtelain, qui était au roi et gardien du castel ».

Le roi, à son entrée à Rouen, nomma un nouveau gouverneur du château, et dans sa lettre de pardon il parle de crime « de lèse-majesté », ce qui indique que l'émeute s'est attaquée aux représentants du roi, en fait le châtelain.

Malgré le silence des chroniqueurs rouennais, l'attaque du château ne fait donc pas de doute.

3. En 1383, le commissaire royal, Jean Pastourel, devait le leur reprocher amèrement et en prendre raison pour les arrêter en masse.

pulace que ses victoires successives avaient grisée et qui s'illusionnait sur ses forces.

Les émeutiers réussirent à tuer le châtelain ; mais, mal armés, ils furent repoussés par les défenseurs du château et plusieurs assaillants furent tués ou blessés[1]. La révolte était bien finie.

Le plan des bourgeois semblait sur le point de réussir ; il ne fallait plus maintenant qu'avoir l'oreille du roi, prévenir les enquêtes, disculper la bourgeoisie, voire même faire son apologie en chargeant le menu commun. Aussi « après ces choses ainsi faites fut conseillé d'envoyer devers le roi de France pour apaiser et excuser les bons citoïens envers lui et son conseil. Et pour ce faire, en la compagnie de Monseigneur de Blainville furent ordonnées certaines personnes, tant clercs, avocats, comme bourgeois, nobles. Lesquels par grande tribulation qui était en la cour du roi s'en retournèrent sans aucune chose faire[2] » : le conseil du roi avait refusé de les écouter.

C'était un mauvais symptôme ; mais les bourgeois espéraient que la révolte de Paris ferait oublier aux régents celle de Rouen.

Elle les décida au contraire à sévir implacablement. N'osant s'en prendre aux Maillotins, ils voulurent les effrayer et obtenir leur soumission par une terrible répression de la révolte rouennaise.

Aux Rouennais qui insistaient pour être entendus en conseil royal « fut répondu, nous dit le chroniqueur, que le roi irait à Rouen » ; et traduisant la menace des régents dans un expressif et pittoresque proverbe cauchois, P. Cochon ajoute « et saurait qui aurait mangé le lard[3] ».

1. Voir Froissart, la *Chronique du religieux de Saint-Denis*, et Juvénal des Ursins.
2. *Chronique des quatre premiers Valois*, p. 299.
3. Traduisez : découvrirait les coupables.

III

A l'annonce de cette nouvelle, les Rouennais tremblèrent et tout particulièrement les ci-devant maîtres de ladite commotion. Deux de ces derniers, dont le fameux Jean Legras, jugèrent que ce qu'il y avait de plus sage en pareille occurrence, c'était de « se absenter » et ils « se absentèrent et se cachèrent si bien que onques depuis on n'en eut de nouvelles[1] ». Un troisième également compromis « ne s'enfuit pas : dont il fit que fol, car il eut le cou tranché[2] ».

Cependant le roi approchait. Il avait quitté Meaux[3], où la révolte des Maillotins l'avait forcé de se réfugier, et il se dirigeait sur Rouen à petites journées, accompagné du duc de Bourgogne, régent du royaume et gouverneur de Normandie.

Le roi fut au Pont-de-l'Arche dimanche de « Judica me » 23 mars. Là, le conseil décida qu'avant d'entrer dans Rouen, il convenait de faire une enquête. Dans ce but, on consentit enfin à écouter « aucuns des bourgeois de Rouen venus pour excuser les bons bourgeois et citoyens de ladite ville[4] ».

Ce qu'ils dirent au roi nous le devinons sans peine : les coupables étaient Jean Legras et son compagnon qui s'étaient « absentés », et ces « gens de petit état et de malle vie[5] » que le roi pourrait faire pendre à son bon plaisir. Les bourgeois, loin d'être complices des émeutiers, avaient été leurs victimes. Ils avaient été pillés, ruinés, leurs maisons avaient été dépêchées et enfondrées.

N'avaient-ils pas pris les armes et « fait aussi bon guet qu'ils pouvaient[6] ? »

1. P. Cochon, *op. cit.*, p. 164.
2. Froissart : « Le roi de France se tenait à Miaulx. » *Chroniques publiées par la Société d'Histoire de France*, t. X, p. 155.
3. P. Cochon, *op. cit.*, p. 166.
4. *Chronique des quatre premiers Valois*, p. 300.
5. *Ibid.*, p. 301.
6. P. Cochon, *op. cit.*, p. 164.

Peut-être avaient-ils contribué à la défaite des émeutiers devant le château royal et s'en vantèrent-ils.

Les « avocats[1] » parlèrent si bien que « le roy et Monseigneur de Bourgogne et le conseil du roy bien informés du dit fait ainsi advenu en la dite cité de Rouen se tinrent bien contents des bourgeois et gens d'état d'icelle ville[2] ».

Quant aux émeutiers, « pour ce que chacun doit avoir son louier de sa mérite[3] », il fallait sans tarder en faire bonne justice, d'autant « que les principaux auteurs des crimes voulaient au roi refuser l'entrée s'il ne promettait l'impunité[4] ».

Aussi « en ce temps[5] comme il fut au Pont de l'Arche furent décolées six personnes qui furent et purent être trouvées les plus coupables[6] d'icellui méfait à Rouen[7]. Et des autres qui étaient en prison furent menées douze au château de Fontaine le Bourg qui est à l'abbé et couvent de Fécamp[8] ».

Ces mesures de précaution ne parurent pas suffisantes « et ainçois que le roi entrât à Rouen, il fallut que les gens de la ville portassent[9] » « en personne[10] » « leurs armures » « et toutes les chaines des rues[11] » « au château de Rouen[12] », « ce qu'ils

---

1. *Chronique des quatre premiers Valois*, p. 299.

2. *Ibid.*, p. 300.

3. *Ibid.*, p. 300.

4. *Chronique du religieux de Saint-Denis*, p. 145.

5. « En ce temps, » suivant les chroniques rouennaises; après le séjour du roi à Rouen, suivant la Chronique de Saint-Denis

6. Une erreur judiciaire fut commise dans cette circonstance (voir le *Recueil de pièces inédites du règne de Charles VI* publié par Douët d'Arcq.

7. P. Cochon et la Chronique de Berne disent que leurs têtes furent exposées sur le rempart.

8. *Chronique des quatre premiers Valois*, p. 300.

9. *Ibid.*, p. 301.

10. *Chronique du religieux de Saint-Denis*, p. 145.

11. Pierre Cochon, *op. cit.*, p. 166.

12. *Ibid.*, p. 166 et *Chronique des quatre premiers Valois*, p. 301.

firent avec regret et mécontentement[1] », mais « bonnement[2] » cependant, c'est-à-dire sans récalcitrer.

« Le lendemain, les manteaux[3] de la porte Martainville furent mis à terre par où le roi devait entrer [4] » et le samedi ensuivant vigile de Pâques Fleuries, 29 mars, « se partit le roi du Pont de l'Arche et avec lui son oncle le duc de Bourgogne et moult de nobles hommes, avec lui son conseil, pour venir à Rouen[5] ».

Dans la ville, on croyait achevée la vengeance royale, et l'on pensait que le roi venait dans sa bonne ville pour faire son entrée de joyeux avènement. Aussi « à sa joyeuse nouvelle venue alèrent les citoyens hors de la ville bien deux lieues pour recevoir le roi joyeusement et accouvoïer en sa cité. Et étaient des citoyens bien 600 à cheval et plus. Et étaient les dits bourgeois et moult d'autres de la cité, tous vêtus de robes pareilles de couleurs, c'est assavoir de couleur azurée et de vert, dont l'azur était à destre[6] ».

Il fut « très hautement reçu[7] », et « les rues depuis la porte Martainville jusqu'à la porte Grand-Pont étaient toutes encourtinées et criait le peuple : Noël, Noël, vive le Roy[8] ! » On voulait par un tel accueil faire oublier les fautes passées, car si au premier moment on avait cru que l'entrée du roi marquait le terme du châtiment, instinctivement on se reprenait à craindre en le voyant faire son entrée « en armes découvertes[9] ».

1. *Chronique du religieux de Saint-Denis*, p. 145.
2. *Chronique des quatre premiers Valois*, p. 301.
3. Les manteaux seulement furent abattus et non la porte tout entière. Pierre Cochon et la *Chronique des Valois* sont d'accord sur ce point. Voir dans l'étude de C. Richard sur la Porte Martinville (Rouen, 1844, in-8°) les raisons qui font croire contrairement à l'affirmation de la *Chronique de Saint-Denis* que la porte ne fut pas rasée.
4. Pierre Cochon, *op. cit.*, p. 166.
5. *Chronique des quatre premiers Valois*, p. 300.
6. *Ibid.*, p. 300.
7. *Ibid.*, p. 300.
8. Pierre Cochon, *op. cit.*, p. 166.
9. *Ibid.*, p. 166.

S'il eût été seul, Charles VI eût sans doute pardonné, car il était jeune et bon, mais il était mineur et le pouvoir royal était entre les mains du duc de Bourgogne. Or, le dur et avare régent entendait tirer profit de cette affaire pour extorquer de grosses finances aux bourgeois ; aussi de par son ordre, pour les effrayer et les porter à proposer eux-mêmes de fortes sommes, les gens du roi interrompaient le vivat du peuple par cette menace : « Criez plutôt merci, la hart au col[1]. »

Quand le cortège en se rendant au château passa près du beffroi, le duc le regarda d'un mauvais œil et donna ordre d'en enlever les cloches le plus tôt possible : le marteau[2] de la Rouvel fut descendu sur-le-champ, et maintenant à l'encontre de ce qui s'était passé pendant la harelle, « toutes cloches sonnaient en Rouen fors cheuz de la commune ». L'enlèvement de la cloche d'une commune n'était que trop significatif au moyen âge, il présageait la suppression des libertés communales.

Quand le roi était entré dans Rouen, tout le monde se livrait à l'espoir : quand il pénétra dans le château, la crainte et l'incertitude régnaient dans la ville.

Il fallait conjurer la colère menaçante du roi et du duc de Bourgogne. Lorsque le roi visitait une de ses bonnes villes, il était d'usage que la dite ville lui fît un présent; si Rouen donnait au roi et au duc une belle et grande finance, peut-être conjurerait-elle l'orage qui semblait prêt à fondre et rachèterait-elle ses libertés et ses franchises menacées.

On résolut d'offrir au roi et au régent « de la vaisselle d'or fin », « et pour cette finance fut vendue toute la vaisselle d'argent des confréries et charités tant de plats d'argent, chandelliers, burettes; qui fut une piteuse chose, ajoute mélancoliquement le chroniqueur, de vendre la vaisselle où Dieu était servi et honoré[3] ».

Avec le produit de cette vente, « le roi eut comme présent

1. Pierre Cochon, *op. cit.*, p. 166.
2. « Ablatus est batellus campanae de villa » (Chronique de Berne).
3. Pierre Cochon, *op. cit.*, p. 167.

six vingt (1200) marcs de vaisselle d'or fin et le duc de Bourgogne 50[1] ».

Le roi n'en déposa pas moins le maire de la ville[2] et n'en prit pas moins « la mairie, la juridiction, corps et commune de la dite cité en sa main[3] », lesquelles il commit « au bailli de Rouen, qui fut grande perte ».

Puis, pour bien manifester sa volonté de supprimer à jamais[4] la commune, le roi fit enlever les cloches du beffroi et ordonna de le raser[5]. On annula les franchises des corporations et les biens de la commune furent mis sous séquestre[6].

Le roi était complètement vainqueur. Il avait en main la force suffisante pour faire lever les impôts contre lesquels Rouen s'était révoltée ; la ville avait été trop sévèrement châtiée pour que l'on pût supposer un instant qu'elle se refusât à les payer désormais.

Et pourtant, si le roi s'était rendu compte des prétextes de la révolte, il aurait compris que la ville s'était révoltée non à cause des impôts, mais à cause de leur illégalité.

Pour prévenir toute émeute, voire toute protestation, il suffisait de rentrer dans la légalité et de faire voter les impôts par les États de la province. Le duc de Bourgogne et le conseil du roi jugèrent prudent de prendre cette précaution. A leurs yeux, c'était accorder aux susceptibilités normandes une satisfac-

1. Pierre Cochon, *op. cit.*, p. 167.

2. Nous ne possédons pas les chartes par lesquelles le roi supprima officiellement la mairie et la juridiction et les prit en sa main; mais dans la charte du 18 juin 1383 (Archives municipales, t. III) le roi rappelle cette suppression.

3. *Chronique des quatre premiers Valois*, p. 301.

4. Les rois de France avaient déjà mis plus d'une fois la commune de Rouen en leur main, mais temporairement.

5. Aucune chronique de l'époque ne mentionne cette destruction du beffroi, mais dans le registre des Délibérations municipales, il est dit vers 1390 que l'on placera le Gros Horloge alors en construction « là où était le beffroi de la dite ville » (Extrait des notes manuscrites de l'archéologue rouennais Richard conservées à la bibliothèque de Rouen).

6. Ce séquestre nous est connu par une pièce de la Chambre des comptes qui le leva en 1383.

tion purement platonique : quelle apparence y avait-il, en effet, que les États de Normandie assemblés de par le roi dans une ville privée la veille de ses franchises communales pour avoir refusé le payement des impôts, quelle apparence y avait-il, que dans une telle ville une assemblée de barons, de prélats et de bourgeois osât résister à la volonté royale ? Mais qui fera céder un Normand fort de son droit et sûr que son adversaire, fût-ce le roi, ne peut passer outre à son veto sans sortir de la légalité ?

Les États[1] avaient pour eux cette force morale, ils surent en user. En apparence, plus généreux que les États tenus à Louviers en 1381, ils accordèrent 8 deniers pour livre sur toute marchandise vendue, le dixième des breuvages et 20 sous par muid de sel, mais ils exigèrent comme l'année précédente l'administration du subside par un receveur particulier. Seulement, ils mirent à l'octroi de cette imposition une condition qui en fait l'annulait : ils stipulèrent expressément qu'elle ne serait levée que « si les autres provinces du royaume de France l'accordaient[2]. C'était la répétition de ce qui s'était passé en 1380.

Les États de Normandie se flattaient que le Gouvernement ne viendrait à bout de l'émeute des Parisiens qu'en supprimant à jamais les aides, ce que deux fois déjà Paris avait obtenu par des soulèvements.

De son côté, le régent espérait que le châtiment subi par les Rouennais effrayerait Paris, mettrait la capitale à ses pieds, et qu'alors « toutes les provinces de France » lui accorderaient les aides.

Les États de Normandie promirent de se trouver à Compiègne huit jours plus tard, à la réunion des États généraux de France.

Les deux partis étaient enchantés de la tournure que les affaires avaient prise. La cour, ayant tiré pleine vengeance de la ville rebelle, songea enfin à lui faire grâce plénière. Le samedi

1. Coville, *op. cit.*, p. 126 et sq.
2. *Chronique des quatre premiers Valois*, p. 301.

saint 5 avril 1382, les habitants ayant imploré pitié et offert au roi « une gracieuse et belle recueillette[1] », le roi, en considération de la sainte et benoîte semaine, pardonna « infractions de prisons, maisons rompues, meurtres, larcins, monopoles, conspirations, assemblées, sons de cloches, portes fermées, port d'armes, crime de lèse-majesté, infractions de sauvegarde, sacrilèges et infractions d'églises et lieux saints, et autres maux et inconvénients faits et perpétrés[2] » ; il remit toute peine corporelle, criminelle et civile, excepté aux absents et aux prisonniers[3].

Une lettre de pardon[4] ouvrit les portes des prisons et accorda rémission à tous les prisonniers, sauf aux dessus dits. « Et fit le roi sa Pâques à Rouen[5] » et « le jour de Pâques tint en son château cour plénière aux nobles de Normandie, et là fut fait capitaine de Rouen Monseigneur Guillaume de Bellanges. Et le lendemain du jour de Pâques le roi se partit de Rouen[6] ».

« Et le vendredi ensuivant furent rendues les armes à ceux de Rouen qui les avaient baillies en bonne obéissance[7] » « et les chaînes de fer des rues rapportées en la garnison de la ville[8] ».

« Et le lundi de Quasimodo, des douze qui furent menés au château de Fontaine-Lebourg ains que le roi entrait à Rouen, comme dit est, en furent six pendus[9] au gibet de Rouen et les autres six ramenés en prison au château de Rouen qui puis par la grâce du roi furent délivrés. Et n'étaient tous iceux que gens de petit état et de malle vie[10]. »

1. Charte royale du 5 avril 1381 (1382), archives municipales, tiroir 3.
2. *Ibid*.
3. *Ibid*.
4. Douet d'Arcq, *op. cit.*, t. I, p. 13.
5. Pierre Cochon, *op. cit.*, p. 166.
6. *Chronique des quatre premiers Valois*, p. 301.
7. *Ibid.*, p. 301.
8. Pierre Cochon, *op. cit.*, p. 168.
9. Pierre Cochon dit « furent décollés » mais pour des gens de petit état », la pendaison paraît plus probable.
10. *Chronique des quatre premiers Valois*, p. 301.

Les États de Normandie étaient en route pour Compiègne, où les États généraux de France devaient se réunir le lendemain, mardi 15 avril.

Une fois de plus ceux-ci refusèrent au roi la finance qu'il désirait. En vain Arnoud de Corbie proposa de rétablir les aides, car « sans aides la chose publique ne se peut conduire »; les députés se bornèrent à répondre qu'ils en parleraient à leurs commettants.

Les commettants firent la sourde oreille ; mais le duc de Bourgogne, qui avait besoin d'argent pour entreprendre son expédition contre les Flamands, manda aux États de Normandie d'avoir à se réunir à Pontoise en juin suivant pour aviser « sur le fait de faire aide au roi[1] ».

« Le parlement de Normans[2] » se réunit, et « là fut déterminée que Normandie ferait le paiement de six cents glaives et deux cents arbalétriers[3] ». « Estienne de Moustier, capitaine de Harfleur » qui jouait le rôle de compère du régent proposa que la finance « pour payer les dits gens d'armes » serait prise « sur le vin et les menus breuvages et sur les draps[4] ». Pour obtenir cette aide, on avait agité le danger imminent d'une guerre avec l'Angleterre. Si on eût dit aux Normands que les gens d'armes dont ils allaient fournir la solde devaient marcher contre les Flamands, ils se fussent certainement refusés à rien accorder, car les bourgeois des bonnes villes de France, nous dit Froissart, considéraient les bourgeois de Gand et des autres cités flamandes comme de bonnes et vaillantes gens qui défendaient bien leurs franchises et libertés contre Louis de Male, leur mauvais comte.

Les Rouennais en votant ce subside venaient de payer les verges dont ils devaient être fouettés. On en eut sans doute, à Rouen, le pressentiment, car « comme le capitaine de Rouen

1. *Chronique des quatre premiers Valois,* p. **303**.
2. *Ibid.,* p. 303.
3. *Ibid.,* p. 303.
4. *Ibid.,* p. 303.

et les bourgeois de cette ville qui avec lui étaient au dit parlement furent retournés » et eurent rapporté ce qui s'était
passé à Pontoise, « il fut débattu d'aucuns' ».

Quel était alors le bilan de la Harelle? Il était tout passif :
le dernier mot était resté au roi qui avait exercé envers la
ville rebelle la loi du talion dans sa plus grande rigueur. Les
révoltés avaient fermé les portes de la ville, le roi les avait
fait jeter à terre; la cloche qui avait appelé les citoyens à
l'émeute avait été descendue du beffroi; le maire qui avait
droit de juridiction dans la ville et n'avait pas osé ou n'avait
pas su maintenir l'ordre avait été déposé, et la juridiction qui
lui appartenait mise entre les mains du bailli royal. Enfin, à
l'attaque du château, le roi avait répondu par la démolition du
beffroi.

Mais sur la question de principe, les Rouennais étaient
restés victorieux, et le Gouvernement absolu de la veille avait
reconnu aux Normands le droit de ne payer que les impôts
votés par leurs États.

Maintenant que ces États avaient accordé au roi les aides
sur le vin et le drap, les mêmes aides que les régents avaient
ordonnées par l'édit, cause de la Harelle, quel avantage réel
restait aux Rouennais de leur soulèvement? Une victoire morale, et c'était tout : victoire trop chèrement achetée par la
perte de tous les autres privilèges de la commune. L'émeute
entraîna pour Rouen des conséquences plus graves encore :
l'orgueil du duc de Bourgogne, froissé par la longue résistance
des bourgeois, son avarice mal assouvie, les voulait plus hu-
miliés et plus appauvris. Il n'avait plus qu'une idée : les
retrouver. L'occasion se présenta bientôt.

Les aides sur la vente du vin et des draps accordées par les
États de Pontoise devaient être recueillies à partir du premier
juillet².

Pendant un mois, la perception se fit sans aucun trouble.

1. *Chronique des quatre premiers Valois*, p. 304.
2. Coville, *op. cit.*, p. 135.

Mais « advint le 1er jour d'août, qui était vendredi jour du marché[1] » « fut en la halle aux draps le buffet qui était mis sus à cueillir l'aide, rué à terre[2] ». « Et y eut eu grande noise si n'eut été messire Guillaume de Bellangues, chevalier et capitaine de la dite ville[3] » qui fit « aucuns drapiers emprisonner[4] » et « donner son paiement[5] », c'est-à-dire couper le cou à « un fou nommé Cornette, boucher », qui avait osé dire : « Comment laisserons-nous faire notre emprise pour un seul homme[6] ? » La « commotion » se borne à cela. « Et le vendredi en suivant, furent les buffets relevés en la dite halle aux draps. Et vint le bon maréchal de France monseigneur de Blainville en ladite halle parler aux drapiers[7] ». Il était populaire et fut écouté, et « ce ainsi fut tout apaisé[8] ».

Quant aux subventions sur les breuvages, elles avaient été cueillies et levées paisiblement sans débat ni contradiction[9].

De nouveau les bourgeois envoyèrent à la Cour pour s'excuser et faire connaître au roi que les habitants de Rouen étaient innocents. Les coupables, dirent-ils, étaient des gens étrangers à la ville[10].

Le duc de Bourgogne avait enfin « retrouvé » les Rouennais.

---

1. *Chronique des quatre premiers Valois*, p. 304.
2. Pierre Cochon, *op. cit.*, p. 168.
3. *Ibid.*, p. 168.
4. *Chronique des quatre premiers Valois*, p. 304.
5. Pierre Cochon, *op. cit.*, p. 168.
6. *Ibid.*, p. 168.
7. *Chronique des quatre premiers Valois*, p. 304.
8. Pierre Cochon, *op. cit.*, p. 165.
9. *Chronique des quatre premiers Valois*, p. 304.
10. La *Chronique des Valois* dit que le buffet des aides fut renversé par les drapiers, et les Rouennais prétendaient (voir la charte du 18 juin 1383) que les émeutiers étaient des étrangers. Ces deux versions se concilient si l'on admet que les fauteurs de l'émeute furent les drapiers forains établis dans les faubourgs de la ville, mais qui n'étaient pas Rouennais. Ils vendaient dans la même halle que les drapiers rouennais et jusqu'en 1403 furent confondus avec eux. Une charte royale du 1er septembre de cette année ordonna d'établir une cloison dans la halle aux draps pour séparer les drapiers forains des drapiers rouennais.

On fit savoir aux bourgeois que l'on s'occuperait de cette affaire
plus tard, car pour le moment le duc avait des besognes plus
pressées, il s'agissait d'aller écraser les Flamands révoltés
contre leur comte. Le duc devait faire ainsi d'une pierre deux
coups ; les Flamands vaincus, c'était l'héritage de Louis de Male,
qui lui était assuré, c'était aussi le moyen de démoraliser le
menu peuple et les bourgeois des grandes villes de France qui
sympathisaient avec les communes de Flandre. Gand mis à la
merci du roi de France, c'était Paris, c'était Rouen mis aussi
à sa merci.

On le comprit dans tout le pays, et Roosebeke fut une cala-
mité publique. Les États de Normandie se reprochaient amèrement l'aide de guerre accordée à Pontoise.

Le dernier espoir que Rouen avait d'échapper à la vengeance
royale, c'était la résistance victorieuse des Parisiens aux exi-
gences fiscales du régent. Mais la capitale, après un semblant
de révolte, se soumit, et « lorsqu'on eut rabattu son orgueil par
des amendes et des exécutions » il fut décidé dans le conseil des
princes, en présence du roi, que les autres villes ne devaient pas
obtenir plus de grâce, qu'il fallait étendre les mêmes châti-
ments sur toutes celles qui avaient commis les mêmes désordres
et commencer par Rouen [1].

Le comte d'Harcourt et beaucoup d'illustres chevaliers origi-
naires ou habitants de la Normandie assistaient à ce conseil. Ils
supplièrent instamment le roi de pardonner aux Rouennais de se
contenter de la vengeance qu'il avait précédemment exercée contre
eux. Mais le roi était mineur, c'était le régent qui gouvernait,
et un homme comme le duc de Bourgogne cédait devant la force
et non devant la prière. Il le prit de haut avec les suppliants,
« traita presque leurs paroles de séditieuses [2] » et leur reprocha
de parler contre les intérêts du roi [3]. Ils se turent et le conseil
avisa aux moyens de faire exécuter l'ordre de Philippe. Des

---

1. *Chronique du religieux de Saint-Denis*, p. 249.
2. Chéruel, *Histoire communale de Rouen*, t. II, p. 450.
3. *Chronique du religieux de Saint-Denis*, p. 251.

commissaires furent choisis dans ce but: « maître Jean Pastourel[1] président de la Chambre des comptes, le plus éloquent et le plus habile de sa compagnie, et messire Jean de Noviant. » Ces deux hommes connaissaient par une longue expérience le caractère des Normands. On leur adjoignit l'amiral de France, messire Jean de Vienne, avec des troupes suffisantes pour réprimer en temps et lieu les nouveaux troubles qui pourraient éclater dans le pays et pour réduire les mutins qui refuseraient de se soumettre aux sentences et aux jugements des commissaires.

« Les bourgeois les plus notables, en allant à la rencontre des envoyés du roi avec les démonstrations de la plus entière obéissance, leur firent voir qu'on n'aurait pas besoin de recourir à la force. Ils les introduisirent dans la ville et leur montrèrent ce qu'on avait exécuté en réparation de l'offrande faite au roi[2]. »

Pour gagner leur bienveillance, la foule faisait retentir les rues et les carrefours d'acclamations en l'honneur du roi et de chants d'allégresse.

Chacun pensait que ces envoyés venaient faire une enquête sur la dernière émeute.

Les Rouennais, qui n'avaient rien à se reprocher à ce sujet, sûrs de leur innocence, saluaient les commissaires avec joie[3]. « Mais ceux-ci se renfermèrent dans un silence sinistre et se rendirent au château[4]. »

Ils se mirent alors en mesure d'exécuter les instructions que leur avait données le régent. Ils devaient nonobstant les lettres de grâce que le roi avait accordées pour la *Harelle*, faire savoir aux Rouennais que Charles les considérait comme annulées par la commotion du premier août, il entendait leur faire expier à nouveau les injures faites au roi et aux églises. « Les anciens de la ville ayant été mandés au château, maître Jean Pastourel prit la parole et dans un long et éloquent dis-

1. Le même qui avait présidé les États de Normandie du 10 décembre 1380.
2. *Chronique du religieux de Saint-Denis*, p. 251.
3. Voir la *Chronique du religieux de Saint-Denis*, p. 251.
4. Chéruel, *op. cit.*, t. II, p. 452.

cours, prononcé d'un ton menaçant[1], » il leur rappela toutes les commotions dont ils s'étaient rendus coupables contre les rois de France depuis plus d'un siècle[2].

Ah ! maître Jean Pastourel connaissait bien les Normands et surtout les Rouennais ; il avait bien compris que c'était la bourgeoisie qui « couvertement » soutenait les émeutiers, aussi « en finissant déclare-t-il que les auteurs de la révolte n'étaient pas les seuls qui se fussent rendus coupables de lèse-majesté, que le même crime pesait sur ceux qui n'avaient pas employé la force pour arrêter les désordres[3] ». A toutes ces accusations, les bourgeois répondirent en montrant les lettres de pardon octroyées par le roi le 5 avril de l'année précédente. Charles y disait : « Nous remettons toute peine corporelle, criminelle et civile à chacun d'iceux bourgeois comme si il y était nommé par nom et prénoms et voulons que cette présente lettre ou un vidimus fasse foi de notre dite grâce[4]. » Mais les commissaires opposaient une fin de non-recevoir. C'était injuste. Les malheureux bourgeois ne pouvaient faire d'autre réponse. Ils se savaient les vrais coupables. Mais puisqu'on leur défendait de se retrancher derrière le pardon royal, ils n'avaient plus qu'à se soumettre aux ordres des commissaires, et il leur était impossible de se disculper.

On les arrêta sur-le-champ et on dressa une liste de proscription comprenant près de trois cents noms.

Des gens du roi et des hommes armés parcoururent la ville et arrachèrent de leurs maisons publiquement et avec violence les proscrits qui furent jetés en prison[5].

Ces excès n'avaient qu'un but : porter les habitants à offrir de fortes rançons. C'était le vrai sujet de cette tragédie.

On réussit. La terreur régnait dans la ville, les bruits les

---

1. *Chronique du religieux de Saint-Denis,* p. 253.
2. Voir la charte royale du 18 juin 1383.
3. *Chronique du religieux de Saint-Denis,* p. 253.
4. Charte royale du 5 avril 1381.
5. *Chronique du religieux de Saint-Denis,* p. 253.

plus étranges circulaient sur les souffrances des prisonniers.

Une députation de bourgeois supplia les commissaires de ne
pas confondre les innocents avec les coupables et remit à leur
discrétion tout ce qu'ils possédaient d'or, d'argent ou de
meubles précieux[1].

On alla même devers le roi pour se plaindre des commissaires qui ne voulaient pas tenir compte des lettres de grâce
déjà octroyées. Le roi les confirma de nouveau le 27 mars 1383
et manda à ses « féaulx conseillés les gens ordonnés sur le fait
des réformations en Normandie » de laisser « les dits bourgeois
et chacun d'eux jouir et user paisiblement et entièrement » de
sa dite grâce et rémission.

Quand les députés revinrent triomphants avec ce nouveau
pardon royal, ils trouvèrent la ville dans une désolation encore plus grande que lorsqu'ils l'avaient quittée.

C'est à grand'peine que les commissaires royaux avaient
permis aux prisonniers, les anciens de la ville, de faire leurs
dévotions à Pâques. Il leur avait fallu, pour obtenir une liberté
temporaire, fournir caution sur leurs biens; mille des plus
riches habitants avaient même dû s'engager par écrit à ga-
rantir leur retour en prison.

« Après la fête, les prisonniers se représentèrent. » Survint
alors la charte royale de pardon. Les commissaires, probable-
ment sur les ordres secrets du duc de Bourgogne, refusèrent
d'en tenir compte, et au lieu de relâcher purement et simple-
ment les prisonniers, il les divisèrent en trois classes et se
firent leurs juges.

On condamna à la peine capitale ceux qui avaient résisté à
la volonté du roi pour la levée des subsides et avaient poussé
des cris de mort contre les collecteurs. « Quant aux autres,
après les avoir longtemps retenus en prison sans poursuivre
leur procès, on leur demanda s'ils voulaient acheter leur grâce
ou s'exposer aux rigueurs de la justice; comme ils préféraient

1. *Chronique du religieux de Saint-Denis*, p. 253.

une peine civile à une peine criminelle, pour sauver leur vie, ils se résignèrent au sacrifice de tous leurs biens.

D'autres enfin que l'on accusait d'avoir des possessions considérables furent contraints de payer au gré des commissaires des sommes énormes, à titre de prêt, et de fournir cet argent sans délai pour éviter la prison. « Mais ces exactions n'enrichirent pas le Trésor royal, elles allaient en bourses particulières[1]. »

Après avoir dépouillé les particuliers, « les réformateurs de la Normandie » taxèrent Rouen à 100.000 livres.

Le roi en pardonna 50.000 « qui devaient être payées en moins d'un demi-an en icelle propre année 1383, assavoir : au mois de mai 25.000 ; 5.000 la première semaine de juillet suivant, 10.000 en août suivant, à la Notre-Dame de décembre, 10.000, dont la ville fut très grandement appauvrie ». Il fallut que par deux fois encore le roi intervint pour protéger les malheureux Rouennais contre la dureté de ses commissaires[2].

---

1. *Chronique du religieux de Saint-Denis*, p. 255.

2. Cette question d'amende est assez compliquée.

Voici les faits :

La ville fut taxée à....	100.000 livres.
Le roi en pardonna.....................	40.000 —
Reste donc à payer....................	60.000 —
Furent payées en mai..................	25.000 —
— en juillet...............	5.000 —
— en août................	10.000 —
Reste alors à payer...................	20.000 —

Le paiement suivant devait se faire en décembre.

Or, en octobre une charte royale dit que les bourgeois devaient payer 50.000 livres et qu'il y en avait déjà 40.000 payées.

Sur ce dernier point:

Pierre Cochon et la charte du 24 octobre 1383 concordent.

Mais le premier dit que le roi pardonna 40.000 sur 100.000, donc il restait 60.000 livres à payer.

La charte royale nous dit au contraire que les Rouennais ne devaient que 50.000 livres d'amende.

Si l'on se rappelle que Pierre Cochon écrivit vers 1410, on est sûr qu'il

Maître Jean Pastourel[1] et ses compagnons n'avaient tenu, nous l'avons vu, aucun compte de la lettre royale de rémission accordée le 27 mars; le 18 juin, Charles leur en envoya une seconde portant qu'ils eussent à cesser incontinent toute poursuite contre les bourgeois de Rouen; le roi leur pardonnait l'émeute du 1er août et toutes celles qui l'avaient précédée.

La sévérité des commissaires se relâcha un peu, mais non complètement.

Le 13 juillet, le maître de la Chambre des comptes levait le séquestre qui pesait sur les biens de Rouen depuis la Harelle[2].

La ville allait pouvoir s'acquitter des 30.000 livres qu'elle devait encore au roi, en vendant ou en engageant ses biens ; mais les commissaires avaient résolu de lui enlever jusqu'à son dernier blanc.

Le roi avait « naguère[3] » emprunté aux bourgeois 5.500 livres tournois, pour son armée faite en Flandre. Les commissaires avaient promis de leur rendre cette somme en octobre 1383.

Le mois d'octobre venu, non seulement les commissaires se refusèrent à rembourser ladite somme, mais ils voulaient que les bourgeois, en sus des 50.000 francs qu'ils devaient et sur lesquels ils avaient déjà escompté 40.000 francs, payassent encore 10.000 livres que le roi leur avait pardonnées. Cela revenait à taxer la ville à 65.500 livres, alors que le roi n'en réclamait que 50.000[4].

De nouveau les bourgeois implorèrent la clémence royale.

connaissait bien les résultats de la Harelle. Deux faits paraissaient incontestables, quoique contradictoires, mais on peut les concilier :
Le roi pardonna 50.00 livres à Rouen sur 100.000.
Les Rouennais en payèrent pourtant 60.000.
C'est que les commissaires ne durent pas tenir compte de la charte royale du 24 octobre 1383, qui leur interdisait d'exiger 10.000 l. des Rouennais, en plus des 50.000 qu'ils devaient payer de par le roi, et ce surplus, Rouen dut le verser à la Tiphagne (Épiphanie) de 1384.

1. D'après Pierre Cochon, modifié selon la critique de la note précédente.
2. Chéruel, *Histoire communale de Rouen*, t. II, p. 457.
3. Charte royale du 18 juin 1383.
4. Voir la charte du 24 octobre 1383.

Le 24 octobre, par une nouvelle lettre « cachetée en lacs de soie et cire verte », Charles manda à ses commissaires de ne pas réclamer les 10.000 livres en plus de 50.000, car les bourgeois « ne pouvaient bonnement porter cette somme sans être du tout nus à pauvre et petite chevance et conviendrait que un peu de marchandises de quoi ils ont accoutumé de vivre cessât, de quoi nos dits aides ayant cours en icelle vaudraient moult moins ». Cette dernière considération ne dut pas peu contribuer à la remise.

De plus, le roi ordonnait que les 5.500 livres qui lui avaient été prêtées fussent déduites sur la somme de 10.000 livres qui restait à devoir pour parfaire la somme de 50.000 que les bourgeois « avaient voulu payer[1] ».

Les commissaires tinrent compte de ce dernier ordre, mais il semble qu'ils forcèrent les bourgeois à verser 10.000 livres « à la Tiphaine[2] » de 1384, en plus des 50.000 livres fixées par le roi. Aussi les Rouennais durent emprunter et établir des impôts. Jusqu'en 1407, on poursuivit les habitants qui n'avaient pas payé l'impôt « pour le fait de l'amende due au roi[3] ».

La misère était telle dès la fin de 1383 que les villes du diocèse de Rouen, réunies en États de Normandie à Caudebec en novembre et décembre de la même année, ne purent fournir au roi que le quart des aides accordées aux États de Louviers en janvier 1382[4].

Bientôt après la ville eut à faire face à de nouvelles dépenses. Dans le pardon accordé aux Rouennais le 5 avril 1381, le roi avait réservé « le droit des parties lésées qui partie faire se voudraient à poursuivre civilement tant seulement ». Forts de cette clause, « les parties lésées », chapitre de la cathédrale, moines de Saint-Ouen poursuivirent la ville.

Le chapitre, en 1384, tint une assemblée secrète[5] après la-

1. Charte du 24 octobre.
2. Pierre Cochon, *op. cit.*, p. 169.
3. Registre des délibérations municipales.
4. Voir Coville, *op. cit.*, p. 136.
5. Voir les Registres capitulaires, folio 384 verso.

quelle il fut décidé qu'on intenterait à la ville, devant l'Échiquier, un procès en dommages et intérêts pour infractions de la cathédrale, pendant la commotion. Ils ajoutèrent à leurs réclamations la quittance des honoraires à eux dus pour le service du 10 octobre 1381, en l'honneur de Charles V[1].

Ils obtinrent gain de cause.

Plus tard (15 février 1390), une charte royale confirma les donations que Charles V avait jadis faites au chapitre et même les augmenta.

Suivant cet exemple, les moines de Saint-Ouen s'efforcèrent d'obtenir une forte indemnité pour toutes les déprédations dont leur monastère avait souffert durant la Harelle.

Leur fut-elle accordée? Nulle charte ne le prouve, mais nous possédons le procès-verbal de la séance de l'Échiquier, dans laquelle les bourgeois rendirent à l'abbé Guillaume Lemercher la fameuse charte de renonciation arrachée à son prédécesseur pendant l'émeute.

Le roi, pendant son séjour à Rouen, avait confirmé leurs privilèges[2]; mais pas une charte ne restait pour rétablir leurs droits antérieurs. On dut interroger les anciens tenanciers des terres abbatiales : leurs souvenirs servirent à fixer approximativement les limites de la baronnie de l'abbé et les droits que cette baronnie lui conférait[3].

Les fourches patibulaires de Bihorel furent rétablies[4] et bientôt de la renonciation de l'abbé Arnault plus rien ne subsistait, que le souvenir et la charte.

Après la confirmation des privilèges de l'abbaye par le roi, celle-ci n'avait plus aucune valeur, cependant elle était encore entre les mains des bourgeois, et l'abbé Guillaume Lemercher n'eut pas de repos qu'il ne l'eût recouvrée.

Il assigna les bourgeois devant l'Échiquier pour qu'ils eussent

1. Voir Chéruel, *op. cit.*, t. II, p. 460.
2. Voir la *Chronique du religieux de Saint-Denis*.
3. Voir Chéruel, *op. cit.*, t. II, p. 461.
4. Par ordre de Guy Chrestien, bailli en 1383.

à la lui rendre. L'affaire vint à la session de 1386. Deux bourgeois, Jean Pitement et Colin Le Roux, représentaient la ville. L'abbé réclama la charte de la renonciation dont il niait la validité, comme ayant été arrachée par force à son prédécesseur. Les deux bourgeois s'accordèrent à ses conclusions et jurèrent qu'ils l'avaient toujours considérée comme nulle et non valable; ils la remirent à l'abbé et l'affaire fut ainsi terminée[1].

Quand tous ceux qui avaient droit de réclamer à Rouen de justes indemnités eurent fait prévaloir leurs prétentions, comme il lui restait encore quelques sources de revenus, telles que la hanse ou certains monopoles, des courtisans en quête de sinécures se les disputèrent.

Les uns, forts de chartes royales qui leur octroyaient ces monopoles, résistaient aux justes réclamations de la ville; d'autres n'y renonçaient que moyennant de grosses sommes.

On spécula même sur le patriotisme communal des Rouennais. Les deux panetiers royaux se firent donner par Charles VI le 17 décembre 1387[2] la cloche communale qui avait sonné l'émeute, la Rouvel. Qu'est-ce que ces deux gentilshommes pouvaient bien faire d'une cloche ? Ils eussent, sans doute, été bien embarrassés si on la leur eût laissée pour compte, mais ils savaient bien que les Rouennais y tenaient trop pour la leur abandonner.

Dès 1385, le bailli avait autorisé la reconstruction du beffroi[3] et les bourgeois se flattaient de pouvoir bientôt y suspendre de nouveau leur cloche vieille déjà de près de trois siècles. Aussi la surprise et la douleur furent grandes à Rouen quand on apprit l'étrange cadeau que le roi avait fait à ses panetiers. Les échevins réunis en conseil se refusèrent à laisser les seigneurs prendre possession de la Rouvel; on décida de repré-

1. Voir Floquet, *Essai sur l'Échiquier de Normandie*, p. 208.
2. Registre des Délibérations municipales, t. I, p. 3.
3. Notes manuscrites de l'archéologue C. Richard conservées à la bibliothèque municipale de Rouen.

senter au roi quelle cruelle chose ce serait d'enlever aux bourgeois le seul souvenir qui leur restait de leurs anciennes franchises[1].

Le roi écouta leurs raisons, puis, de nouveau, cédant aux sollicitations de ses panetiers, confirma les lettres de donation. Les nouveaux propriétaires de la Rouvel laissèrent entendre à quelle condition ils renonceraient aux droits que leur conférait la donation royale. Quoique épuisée, la ville n'hésita pas à leur verser une forte indemnité pour recouvrer sa cloche communale et bientôt la Rouvel reprit sa place dans le beffroi reconstruit : elle devait y demeurer longtemps silencieuse.

En vain, selon l'ancienne coutume, sa compagne la Cache-Ribaud sonnait tous les soirs le couvre-feu ; depuis la suppression de la juridiction du maire, le guet ne s'armait plus à sa voix et les chaînes de fer n'étaient plus tendues dans les rues ; aussi, plus de sécurité la nuit ; les vols se multipliaient[2] et les meurtres même étaient fréquents. Cela dura jusqu'en 1411[3].

La suppression de la juridiction du maire avait entraîné une grave conséquence, la désorganisation des corporations et par suite une crise importante du commerce intérieur de la cité.

Les corporations étaient auparavant soumises à cette juridiction. Quand celle-ci fut supprimée, les métiers qui ne la supportaient qu'à grand'peine se trouvèrent subitement libres de toute règle ; et nulle autorité ne connaissait plus des infractions aux statuts. On comprend aisément quel trouble un pareil état de choses jeta dans l'industrie et dans le commerce intérieur de Rouen[4].

Mais peu à peu le roi rétablit les anciens statuts sous de nouvelles formes et donna à son bailli la connaissance des

1. Registre des délibérations municipales, t. I, pp. 3 et suivantes.
2. Plaintes du bailli de Rouen à un bourgeois (Trésor de Saint-Nicaise aux Archives départementales).
3. Le 8 novembre 1411, le roi rendit aux Rouennais le droit d'étendre les chaînes en ville, puis le guet fut rétabli.
4. Rapport du bailli au roi, t. VIII des *Ordonnances royales*, p. 504.

affaires des corporations[1]. L'industrie et le commerce intérieur reprirent leur ancienne prospérité.

La Harelle avait failli également causer la ruine du commerce extérieur. Les privilèges commerciaux des Rouennais excitaient la jalousie de leurs voisins surtout celle de Paris et du comte de Flandre[2].

La Compagnie normande et la Compagnie française se disputaient le monopole du commerce fluvial entre Rouen et Paris. La première à plusieurs reprises avait maintenu victorieusement ses droits. Profitant de la faiblesse des Rouennais, la Compagnie française lésa les droits de la Compagnie normande. Sur ces entrefaites les péagers du comte de Flandre voulurent forcer des commerçants rouennais qui passaient par Bapeaume à payer les droits de transit dont jusqu'alors ils avaient été exempts.

Bientôt dans toute la Normandie il y eut émulation entre les abbayes, les seigneurs et les moindres communes: c'était à qui arrêterait le plus de commerçants rouennais et réclamerait es plus gros péages. Aux Andelys, les officiers de la Reine-Blanche, à Saint-Wandrille, à Jumièges, le prieur de l'abbaye, à Harfleur, à Mauny, les petits seigneurs de l'endroit, à Bourgtheroulde, partout enfin, on réclama aux commerçants de Rouen des droits de péage ou de transit. Forts de la justice de leur cause, ils refusèrent. En 1385, un arrêt du Parlement de Paris les autorisait à commercer librement sur la Seine. Deux fois, notamment en 1392, le roi permit aux Rouennais de commercer avec la Flandre sans payer de droits.

En 1397, ils obtenaient une charte royale qui leur octroyait la liberté de commerce dans tout le royaume. Vingt ans après la Harelle, le commerce rouennais était plus prospère que jamais.

---

1. *Ordonnances royales,* t. VIII, *passim.*

2. Pour étudier la crise du commerce extérieur de Rouen, voir Fréville : *Histoire du commerce de Rouen des origines à la fin du XVIe siècle,* et Archives municipales, registre u/1.

La Harelle avait été pour Rouen une épreuve cruelle où une ville moins énergique et moins robuste aurait pu sombrer.

Par leur courage et leur patience, les bourgeois sortirent de cette crise redoutable. Le seul résultat définitif de la fameuse émeute avait été de faire perdre à Rouen ses franchises communales.

N'ayant plus à se préoccuper de défendre ses libertés locales contre le pouvoir royal, la ville se sentit désormais plus française.

Au point de vue de l'histoire générale de la France, la Harelle eut donc pour conséquence de relier plus intimement Rouen, et partant, toute la Haute-Normandie, à l'unité nationale. C'était, à la veille d'une guerre contre l'Angleterre, un résultat très important. C'est pourquoi cette émeute rouennaise de trois jours, moitié bouffonne et moitié atroce, a droit d'occuper une place dans l'histoire générale de la France.

G. LECARPENTIER.

Chalon s. Saône. — Imprimerie Française et Orientale, E. BERTRAND